ウォーミングアップ

下記の［決算整理事項等］の仕訳を示しなさい。なお，［元帳勘定残高（一部）］は次のとおりである。

［元帳勘定残高（一部）］

現　　金	¥ 31,650	当座預金	¥ 60,000（貸方残高）	売掛金	¥300,000
貸倒引当金	3,000	繰越商品	190,000	仮払消費税	113,000
貸付金	100,000	備　　品	864,000	備品減価償却累計額	540,000
仮受消費税	180,000	仮受金	50,000	受取利息	8,000
保険料	26,000	法定福利費	33,000		

［決算整理事項等］

1．現金の実際有高は¥32,000である。帳簿残高との差額の原因は不明であるため，適切に処理する。

2．当座預金勘定の貸方残高を適切に処理する。

3．仮受金は全額売掛金の回収であることが判明した。

4．売掛金の期末残高に対して２％の貸倒れを見積もる。（差額補充法）

5．期末商品棚卸高は¥200,000である。

6．備品について，定額法（耐用年数８年，残存価額ゼロ）により減価償却を行う。

7．消費税（税抜方式）の処理を行う。

8．利息の未収分¥4,000を計上する。

9．法定福利費の未払分¥3,000を計上する。

10．保険料の前払分¥2,000を計上する。

11．未払法人税等¥100,000を計上する。なお，当期に中間納付をしていない。

	借方科目	金額	貸方科目	金額
1				
2				
3				
4				
5				
6				
7				
8				
9				
10				
11				

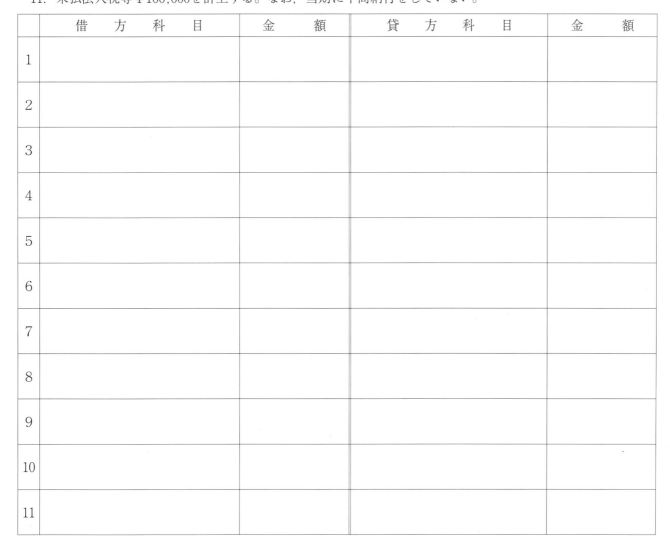

基本問題　1

／35

次の(1)決算整理前残高試算表および(2)決算整理事項等にもとづいて，貸借対照表と損益計算書を完成しなさい。なお，当期は×1年4月1日から×2年3月31日までの1年間である。

(1)

決算整理前残高試算表

借　　方	勘　定　科　目	貸　　方
143,860	現金	
544,140	当座預金	
186,000	電子記録債権	
304,000	売掛金	
329,500	仮払消費税	
130,000	仮払法人税等	
280,000	繰越商品	
750,000	建物	
400,000	備品	
1,000,000	土地	
	買掛金	387,000
	仮受消費税	443,500
	社会保険料預り金	7,500
	貸倒引当金	7,000
	建物減価償却累計額	112,500
	備品減価償却累計額	50,000
	資本金	1,420,000
	繰越利益剰余金	755,000
	売上	4,435,000
	受取手数料	249,300
3,295,000	仕入	
310,800	給料	
64,500	広告宣伝費	
25,500	通信費	
18,500	水道光熱費	
85,000	法定福利費	
7,866,800		7,866,800

(2)　決算整理事項等

1．現金の実際有高は¥136,860である。帳簿残高との差額の原因は不明であるため，適切に処理する。

2．得意先山形商店に対する売掛金¥120,000について，電子債権記録機関に債権の発生の請求を行ったが，この取引が未処理であった。

3．電子記録債権および売掛金の期末残高に対して2％の貸倒引当金を差額補充法により設定する。

4．期末商品棚卸高は¥260,000である。

5．有形固定資産について，定額法により減価償却を行う。

　建物：残存価額ゼロ，耐用年数40年

　備品：残存価額ゼロ，耐用年数4年

6．消費税の処理（税抜方式）を行う。

7．すでに費用処理した郵便切手¥2,080が未使用であったので，適切な勘定に振り替える。

8．手数料の前受分が¥42,000ある。

9．社会保険料の当社負担分¥7,500の未払いを計上する。

10．当期の法人税，住民税及び事業税が¥273,000と計算されたので，仮払法人税等との差額を未払法人税等として計上する。

貸借対照表

×2年3月31日　　（単位：円）

現金		（　　）	買掛金	（　　）
当座預金		（　　）	社会保険料預り金	（　　）
電子記録債権	（　　）		（　　）消費税	（　　）
貸倒引当金	（△　　）	（　　）	（　　）費用	（　　）
売掛金	（　　）		前受収益	（　　）
貸倒引当金	（△　　）	（　　）	未払法人税等	（　　）
商品		（　　）	資本金	（　　）
（　　）		（　　）	繰越利益剰余金	（　　）
建物	（　　）			
減価償却累計額	（△　　）	（　　）		
備品	（　　）			
減価償却累計額	（△　　）	（　　）		
土地		（　　）		
		（　　）		（　　）

損益計算書

×1年4月1日から×2年3月31日まで　　（単位：円）

売上原価	（　　）	売上高	（　　）
給料	（　　）	受取手数料	（　　）
広告宣伝費	（　　）		
通信費	（　　）		
水道光熱費	（　　）		
法定福利費	（　　）		
貸倒引当金繰入	（　　）		
減価償却費	（　　）		
雑（　　）	（　　）		
法人税，住民税及び事業税	（　　）		
当期純（　　）	（　　）		
	（　　）		（　　）

基本問題　2

／35

次の［決算整理事項等］にもとづいて，精算表を完成しなさい。なお，会計期間は４月１日から３月31日までの１年間である。

［決算整理事項等］

1．決算日に，Ａ銀行の普通預金口座からＢ銀行の普通預金口座に￥200,000を振り込んだが，この取引が未処理であった。また，この振り込みによる手数料￥500がＡ銀行の普通預金口座から引き落とされていた。

2．決算日に出張から戻った従業員が，旅費交通費について次の領収書を提出したので，この金額をいったん未払金に計上した。

領　収　書
運　賃　　￥2,200
上記のとおり領収いたしました。
北西交通観光㈱

領　収　書
宿泊費　　￥6,000
上記のとおり領収いたしました。
㈱北西ビジネスホテル

3．売掛金￥120,000がＡ銀行の普通預金口座に振り込まれていたが，この取引が未記帳であった。

4．売掛金の期末残高に対して４％の貸倒引当金を差額補充法により設定する。

5．収入印紙￥3,000が未使用であったので，貯蔵品勘定に振り替える。

6．期末商品棚卸高は￥163,000である。売上原価は「仕入」の行で計算する。

7．備品（残存価額ゼロ，耐用年数５年）について定額法で減価償却を行う。

8．給料の未払分が￥9,000ある。

9．借入金は当期の12月１日に期間１年，利率年５％で借り入れたものであり，借り入れたときに１年分の利息が差し引かれている。よって，利息の前払分を月割で計上する。

精　算　表

勘定科目	残高試算表		修正記入		損益計算書		貸借対照表	
	借　方	貸　方	借　方	貸　方	借　方	貸　方	借　方	貸　方
現　　　金	103,700							
普通預金A銀行	655,000							
普通預金B銀行	60,000							
売　掛　金	620,000							
繰　越　商　品	196,000							
備　　　品	450,000							
土　　　地	822,000							
買　掛　金		140,000						
未　払　金		44,000						
借　入　金		180,000						
貸　倒　引　当　金		8,000						
備品減価償却累計額		60,000						
資　本　金		1,600,000						
繰越利益剰余金		173,000						
売　　　上		4,649,000						
仕　　　入	2,899,000							
給　　　料	423,000							
支　払　家　賃	492,000							
旅　費　交　通　費	61,500							
支　払　手　数　料	26,000							
租　税　公　課	36,800							
支　払　利　息	9,000							
	6,854,000	6,854,000						
貸倒引当金繰入								
(　　　　　)								
減　価　償　却　費								
(　　　)給　料								
(　　　)利　息								
当期純(　　　)								

基本問題　3

/ 35

次の(1)決算整理前残高試算表および(2)決算整理事項等にもとづいて，下記の**問**に答えなさい。なお，当期は×1年４月１日から×2年３月31日までの１年間である。

(1)

決算整理前残高試算表

借　　方	勘　定　科　目	貸　　方
138,100	現　　　　　金	
3,400	現 金 過 不 足	
902,000	普　通　預　金	
1,080,000	当　座　預　金	
892,000	売　　掛　　金	
523,800	仮 払 消 費 税	
423,000	繰　越　商　品	
2,400,000	建　　　　　物	
540,000	備　　　　　品	
3,500,000	土　　　　　地	
	買　　掛　　金	769,000
	仮 受 消 費 税	789,000
	借　　入　　金	2,000,000
	貸 倒 引 当 金	3,600
	建物減価償却累計額	1,080,000
	備品減価償却累計額	120,000
	資　　本　　金	4,000,000
	繰越利益剰余金	974,000
	売　　　　　上	7,890,000
5,238,000	仕　　　　　入	
1,680,000	給　　　　　料	
21,500	旅 費 交 通 費	
37,800	通　　信　　費	
216,000	保　　険　　料	
30,000	支　払　利　息	
17,625,600		17,625,600

(2)　決算整理事項等

1．現金過不足の原因を調査したところ，￥3,000は郵便切手購入の記入漏れであることが判明したが，残額は原因不明のため，適切に処理する。

2．売掛金￥142,000が普通預金口座に振り込まれていたが，この記帳が行われていなかった。

3．売掛金の期末残高に対して１％の貸倒引当金を差額補充法で設定する。

4．期末商品棚卸高は￥468,000である。

5．有形固定資産について，次の要領で定額法により減価償却を行う。

　　建物：耐用年数20年　残存価額ゼロ

　　備品：耐用年数５年　残存価額ゼロ

　なお，決算整理前残高試算表の備品のうち￥240,000は，×2年２月26日に購入し，×2年３月１日より使用しており，減価償却費は上記の要領により月割で計上する。

6．消費税の処理（税抜方式）を行う。

7．借入金のうち￥800,000は，期間１年間，利率年2.4%，利息は元本返済時に支払う条件で，×1年12月１日に借り入れたものである。よって，当期に発生している利息を月割で計上する。

8．郵便切手￥6,000が未使用であったので，適切な勘定に振り替える。

9．未払法人税等￥156,000を計上する。なお，当期に中間納付をしていない。

問１　決算整理後残高試算表を完成しなさい。

問２　当期純利益または当期純損失の金額を答えなさい。なお，当期純損失の場合は金額の頭に△を付すこと。

問1

決算整理後残高試算表

×2年3月31日

借　　方	勘　定　科　目	貸　　方
	現　　　　金	
	普　通　預　金	
	当　座　預　金	
	売　　掛　　金	
	繰　越　商　品	
	(　　　　　　)	
	建　　　　物	
	備　　　　品	
	土　　　　地	
	買　　掛　　金	
	(　　　　　　)	
	(　　　　)利　　息	
	未払法人税等	
	借　　入　　金	
	貸　倒　引　当　金	
	建物減価償却累計額	
	備品減価償却累計額	
	資　　本　　金	
	繰越利益剰余金	
	売　　　　上	
	仕　　　　入	
	給　　　　料	
	旅　費　交　通　費	
	通　　信　　費	
	貸倒引当金繰入	
	減　価　償　却　費	
	保　　険　　料	
	支　払　利　息	
	(　　　　　　)	
	法　人　税　等	

問2　¥（　　　　　　　　　）

基本問題　4

／35

次の［決算整理事項等］にもとづいて，精算表を完成しなさい。なお，会計期間は４月１日から３月31日までの１年間である。

［決算整理事項等］

１．当月の水道光熱費￥3,500が普通預金口座から引き落とされていたが，未処理であった。

２．仮受金は，得意先からの売掛金￥90,000の振り込みであることが判明した。なお，振込金額と売掛金の差額は当社負担の振込手数料であり，入金時に振込額を仮受金として処理したのみである。

３．売掛金の期末残高に対して貸倒引当金を差額補充法により２％設定する。

４．期末商品棚卸高は￥420,000である。売上原価は「売上原価」の行で計算する。

５．有形固定資産について，次の要領で定額法により減価償却を行う。

　　建物：耐用年数30年　残存価額ゼロ

　　備品：耐用年数４年　残存価額ゼロ

　なお，残高試算表欄の備品￥540,000のうち￥240,000は今年度９月に購入し，同月より使用しているものであり，同様に減価償却を行うが，減価償却費は月割計算する。

６．社会保険料の当社負担分￥7,200を未払い計上する。

７．貸付金は前期の11月１日に期間２年，利率年2.4％で貸し付けたものであり，貸付時に２年分の利息を差し引いた金額を貸付先に振り込んでいる。そこで，利息について月割により適切に処理する。

８．未払法人税等￥318,000を計上する。なお，当期に中間納付をしていない。

精　算　表

勘定科目	残高試算表		修正記入		損益計算書		貸借対照表	
	借方	貸方	借方	貸方	借方	貸方	借方	貸方
現金	420,000							
普通預金	610,000							
売掛金	790,000							
繰越商品	380,000							
建物	3,600,000							
備品	540,000							
土地	2,500,000							
貸付金	500,000							
買掛金		730,000						
借入金		1,000,000						
仮受金		88,200						
社会保険料預り金		7,200						
貸倒引当金		5,200						
建物減価償却累計額		240,000						
備品減価償却累計額		150,000						
資本金		5,000,000						
繰越利益剰余金		829,000						
売上		9,851,000						
受取利息		19,000						
仕入	5,998,000							
給料	2,160,000							
水道光熱費	40,200							
法定福利費	87,000							
支払手数料	60,000							
その他の費用	234,400							
	17,919,600	17,919,600						
売上原価								
貸倒引当金繰入								
減価償却費								
(　　　　　)								
(　　　)利息								
法人税等								
未払法人税等								
当期純(　　　)								

基本問題　5

／35

次の(1)決算整理前残高試算表および(2)決算整理事項等にもとづいて，貸借対照表と損益計算書を完成しなさい。なお，当期は×1年4月1日から×2年3月31日までの1年間である。

(1)

決算整理前残高試算表

借　　方	勘 定 科 目	貸　　方
205,000	現　　　金	
	当　座　預　金	66,500
483,000	売　掛　金	
240,000	繰　越　商　品	
380,000	仮 払 消 費 税	
120,000	仮払法人税等	
1,200,000	備　　　品	
2,700,000	土　　　地	
	買　掛　金	585,000
	借　入　金	400,000
	仮 受 消 費 税	580,000
	貸 倒 引 当 金	1,200
	備品減価償却累計額	375,000
	資　本　金	2,000,000
	繰越利益剰余金	674,700
	売　　　上	5,800,000
3,800,000	仕　　　入	
960,000	給　　　料	
240,000	支　払　家　賃	
26,400	水 道 光 熱 費	
62,000	通　信　費	
60,000	保　険　料	
6,000	支　払　利　息	
10,482,400		10,482,400

(2)　決算整理事項等

1．売掛代金￥36,000の当座預金口座への入金取引が誤って借方・貸方ともに￥63,000と記帳されていたので，その修正を行った。なお，当社は限度額￥500,000の当座借越契約を結んでいる。
2．当月の水道光熱費￥2,400が当座預金口座から引き落とされていたが，未処理であった。
3．当座預金勘定の貸方残高を適切に処理する。
4．売掛金の期末残高に対して2％の貸倒引当金を差額補充法により設定する。
5．期末商品棚卸高は￥200,000である。
6．備品について，残存価額をゼロ，耐用年数を8年とする定額法により減価償却を行う。
7．消費税の処理（税抜方式）を行う。
8．借入金￥400,000は×1年7月1日に借入期間1年，利率年3％で借り入れたもので，利息は12月末と返済日に6か月分をそれぞれ支払うことになっている。利息の計算は月割による。
9．保険料のうち￥24,000は×1年11月1日に向こう6か月分を支払ったものである。そこで，前払分を月割により計上する。
10．当期の法人税，住民税及び事業税が￥178,000と計算された。

貸借対照表

×2年3月31日　　(単位：円)

現金		(　　)	買掛金	(　　)
売掛金	(　　)		借入金	(　　)
貸倒引当金	(△　　)	(　　)	(　　)消費税	(　　)
商品		(　　)	(　　)費用	(　　)
(　　)		(　　)	未払法人税等	(　　)
備品	(　　)		資本金	(　　)
減価償却累計額	(△　　)	(　　)	繰越利益剰余金	(　　)
土地		(　　)		
		(　　)		(　　)

損益計算書

×1年4月1日から×2年3月31日まで　　(単位：円)

売上原価	(　　)	売上高	(　　)
給料	(　　)		
貸倒引当金繰入	(　　)		
減価償却費	(　　)		
支払家賃	(　　)		
水道光熱費	(　　)		
通信費	(　　)		
保険料	(　　)		
支払利息	(　　)		
法人税，住民税及び事業税	(　　)		
当期純(　　)	(　　)		
	(　　)		(　　)

基本問題　6

／35

次の［決算整理事項等］にもとづいて，精算表を完成しなさい。なお，会計期間は４月１日から３月31日までの１年間である。

［決算整理事項等］

1．現金過不足について調査したところ，￥3,000については通信費の記入漏れであることが判明したが，残額については不明のため適切に処理する。

2．事務作業に使用する物品を注文していたが，決算日に納品され，物品とともに次の請求書を受け取ったが，未処理となっていた。なお，この金額はいったん未払金に計上する。

請　求　書

㈱東西商事　様

北東事務機器㈱

品　　名	数量	単　　価	金　　額
印刷用紙ＰＣ用（1,000枚）	2	1,200	2,400
ＰＣインク	3	1,800	5,400
送料			600
		合　　計	8,400

3．仮受金は全額が売掛金の回収であることが判明した。

4．期首に車両運搬具（取得原価￥500,000，減価償却累計額￥375,000）を￥130,000で売却し，代金は現金で受け取ったさいに，次の仕訳を行っただけなので，適切に修正する。

（借）現　　金　130,000　（貸）固定資産売却益　130,000

5．売掛金の期末残高に対して１％の貸倒引当金を差額補充法により設定する。

6．期末商品棚卸高は￥210,000である。売上原価は「仕入」の行で計算する。

7．有形固定資産について，以下の要領でそれぞれ定額法により減価償却を行う。

建物：残存価額ゼロ　耐用年数40年

備品：残存価額ゼロ　耐用年数８年

なお，備品は全額当期の５月１日に購入したものであり，減価償却費は月割計算する。

8．保険料のうち￥48,000は当期の12月１日に向こう１年分を支払ったものであり，前払額を月割で計算する。

9．手数料は全額当期の９月からの１年分を受け取ったものであり，前受額を月割で計上する。

精　　算　　表

勘定科目	残高試算表		修正記入		損益計算書		貸借対照表	
	借方	貸方	借方	貸方	借方	貸方	借方	貸方
現金	213,000							
現金過不足		500						
普通預金	987,000							
売掛金	682,000							
繰越商品	189,000							
建物	2,000,000							
車両運搬具	500,000							
備品	720,000							
土地	1,300,000							
買掛金		724,000						
仮受金		72,000						
貸倒引当金		2,500						
建物減価償却累計額		650,000						
車両運搬具減価償却累計額		375,000						
資本金		4,000,000						
繰越利益剰余金		322,000						
売上		4,236,000						
受取手数料		36,000						
固定資産売却益		130,000						
仕入	2,938,000							
給料	748,000							
水道光熱費	152,000							
通信費	21,000							
保険料	68,000							
消耗品費	30,000							
	10,548,000	10,548,000						
雑（　　）								
（　　）								
貸倒引当金繰入								
備品減価償却累計額								
減価償却費								
前払保険料								
前受手数料								
当期純（　　）								

基本問題　7

／35

次の(1)決算整理前残高試算表および(2)決算整理事項等にもとづいて，貸借対照表と損益計算書を完成しなさい。なお，当期は×1年４月１日から×2年３月31日までの１年間である。

(1)　決算整理前残高試算表

借　方	勘定科目	貸　方
230,000	現金	
10,000	小口現金	
360,000	普通預金	
400,000	電子記録債権	
250,000	売掛金	
320,000	繰越商品	
900,000	建物	
480,000	備品	
2,300,000	土地	
	買掛金	600,000
	社会保険料預り金	4,500
	仮受金	1,200,000
	貸倒引当金	4,000
	建物減価償却累計額	375,000
	備品減価償却累計額	160,000
	資本金	2,000,000
	繰越利益剰余金	53,000
	売上	6,040,000
4,100,000	仕入	
612,000	給料	
75,000	旅費交通費	
132,000	支払家賃	
210,000	保険料	
7,000	消耗品費	
50,500	法定福利費	
10,436,500		10,436,500

(2)　決算整理事項等

1．小口現金係から次のとおり報告を受け，普通預金から引き出して補給したが，未処理であった。なお，小口現金は現金に含めて貸借対照表に記載する。

　　事務用品　¥2,000　　バス運賃　¥1,900

2．得意先に掛けで売り渡した商品¥20,000が決算日に返品されていたが，この取引が未処理であった。

3．残高試算表の土地の半分は売却済みであったが，売却代金¥1,200,000を仮受金としたのみであったので，適切に処理する。

4．電子記録債権および売掛金の期末残高に対し，それぞれ２％の貸倒引当金を差額補充法により設定する。

5．期末商品棚卸高は¥305,000（２．の返品は含まれている）である。

6．有形固定資産について，次のとおり定額法で減価償却を行う。

　　建物：耐用年数24年　残存価額ゼロ

　　備品：耐用年数６年　残存価額ゼロ

7．保険料のうち¥90,000は当期首に向こう１年分として支払ったものであるが，11月中に解約した。保険会社から12月以降の保険料が月割で返金される旨の連絡があったので，この額を未収入金に計上した。

8．当社負担分の社会保険料¥4,500が未払いである。

9．未払法人税等¥230,000を計上する。なお，当期に中間納付をしていない。

Hint!

貸借対照表

×2年3月31日　　　　(単位：円)

現金		( )	買掛金	( )
普通預金		( )	社会保険料預り金	( )
電子記録債権	( )		( )	( )
貸倒引当金	(△)	( )	未払法人税等	( )
売掛金	( )		資本金	( )
貸倒引当金	(△)	( )	繰越利益剰余金	( )
商品		( )		
( )		( )		
建物	( )			
減価償却累計額	(△)	( )		
備品	( )			
減価償却累計額	(△)	( )		
土地		( )		
		( )		( )

損益計算書

×1年4月1日から×2年3月31日まで　　　　(単位：円)

( )	( )	売上高	( )
給料	( )	( )	( )
旅費交通費	( )		
( )繰入	( )		
減価償却費	( )		
保険料	( )		
支払家賃	( )		
消耗品費	( )		
法定福利費	( )		
法人税等	( )		
当期純( )	( )		
	( )		( )

応用問題　1

／35

次の［決算整理事項等］にもとづいて，精算表を完成しなさい。なお，会計期間は４月１日から３月31日までの１年間である。

［決算整理事項等］

1．３月中に従業員が立替払いした旅費交通費は￥4,000であったが未処理である。当社では従業員が立替払いした旅費交通費を毎月末に未払金に計上し，翌月に支払っている。
2．12月末にすべての車両運搬具を￥160,000で売却したが，受け取った代金を仮受金として処理しただけである。そこで，決算にあたり適切に修正する。なお，車両運搬具は定額法（耐用年数５年，残存価額ゼロ）により減価償却を行っており，当期分の減価償却費は月割で計上する。
3．期末商品棚卸高は￥315,000である。売上原価は「仕入」の行で計算する。
4．建物については，定額法（耐用年数40年，残存価額ゼロ）により減価償却を行う。
5．備品については，すでに昨年度において耐用年数をむかえたが，来年度も使用し続けるため今年度の減価償却は不要である。
6．受取手形と売掛金の期末残高に対して１％の貸倒引当金を差額補充法により設定する。
7．残高試算表欄の受取地代は翌期４月から６月分を含む15か月分である。
8．借入金は当期の９月１日に借入期間１年，利率年1.2％で借り入れたもので，利息は元金とともに返済時に支払うことになっている。利息の計算は月割による。
9．郵便切手の未使用分￥1,700があった。

精　算　表

勘定科目	残高試算表		修正記入		損益計算書		貸借対照表	
	借方	貸方	借方	貸方	借方	貸方	借方	貸方
現金	352,000							
普通預金	135,000							
受取手形	390,000							
売掛金	360,000							
繰越商品	291,000							
建物	1,200,000							
車両運搬具	360,000							
備品	480,000							
土地	3,500,000							
買掛金		630,000						
仮受金		160,000						
借入金		400,000						
貸倒引当金		5,200						
建物減価償却累計額		240,000						
車両運搬具減価償却累計額		216,000						
備品減価償却累計額		479,999						
資本金		4,000,000						
繰越利益剰余金		468,701						
売上		4,997,000						
受取地代		525,000						
仕入	4,150,000							
給料	667,200							
支払手数料	71,000							
水道光熱費	80,000							
通信費	56,700							
旅費交通費	29,000							
	12,121,900	12,121,900						
未払金								
固定資産売却(　　　)								
減価償却費								
貸倒引当金繰入								
(　　　　)地代								
支払利息								
(　　　　)利息								
(　　　　　　)								
当期純(　　　)								

応用問題　2

／35

次の(1)決算整理前残高試算表および(2)決算整理事項等にもとづいて，貸借対照表と損益計算書を完成しなさい。なお，当期は×1年４月１日から×2年３月31日までの１年間である。

(1)

決算整理前残高試算表

借　　方	勘 定 科 目	貸　　方
381,200	現　　　　金	
898,000	当座預金Ａ銀行	
80,000	当座預金Ｂ銀行	
820,000	売　掛　金	
273,000	繰　越　商　品	
216,000	仮　払　金	
500,000	貸　付　金	
480,000	備　　　　品	
	買　掛　金	765,000
	仮　受　金	147,000
	貸　倒　引　当　金	2,000
	備品減価償却累計額	280,000
	資　本　金	1,500,000
	繰越利益剰余金	184,000
	売　　　　上	5,806,000
	受　取　手　数　料	6,000
3,260,000	仕　　　　入	
1,080,000	給　　　　料	
18,200	支　払　手　数　料	
600,000	支　払　家　賃	
30,400	保　険　料	
53,200	旅　費　交　通　費	
8,690,000		8,690,000

(2)　決算整理事項等

1．現金の実際有高が帳簿残高より¥1,500不足していたので，原因を調査したところ，現金で受け取った手数料¥2,000と現金で支払った電車代¥3,000が記入漏れであることが判明したが，残額については原因不明のため適切に処理する。

2．仮受金は，得意先からの売掛金の振り込みであることが判明した。なお，振込金額は当社負担の振込手数料２％が控除されている。

3．仮払金は，×1年８月１日に購入し，使用している備品の代金であることが判明した。

4．買掛金¥200,000をＢ銀行あての小切手を振り出して支払ったが，未処理であった。なお，Ｂ銀行とは限度額¥1,000,000の当座借越契約を結んでいる。

5．売掛金の期末残高に対して２％の貸倒引当金を差額補充法により設定する。

6．期末商品棚卸高は¥285,000である。

7．備品について，定額法（残存価額をゼロ，耐用年数を６年）により減価償却を行う。

　また，８月に購入した備品については，月割により減価償却費を計上する。

8．貸付金は×1年９月１日に貸付期間１年，年利率1.2％で貸し付けたもので，利息は元金とともに返済時に受け取ることになっている。なお，利息の計算は月割による。

9．保険料は，毎年同額を11月１日に向こう１年分を支払っている。

10．税引前当期純利益の30％相当額を当期の法人税，住民税及び事業税に計上する。なお，当期に中間納付をしていない。

貸借対照表

×2年3月31日　　　　　　　　　　　　　　　　　　（単位：円）

現金		(　　　)	買掛金	(　　　)
当座預金		(　　　)	借入金	(　　　)
売掛金	(　　　)		(　　　)	(　　　)
貸倒引当金	(△　　　)	(　　　)	資本金	(　　　)
商品		(　　　)	繰越利益剰余金	(　　　)
貸付金		(　　　)		
(　　　)収益		(　　　)		
(　　　)費用		(　　　)		
備品	(　　　)			
減価償却累計額	(△　　　)	(　　　)		
		(　　　)		(　　　)

損益計算書

×1年4月1日から×2年3月31日まで　　　　　　　　　　（単位：円）

売上原価	(　　　)	売上高	(　　　)
給料	(　　　)	受取手数料	(　　　)
支払手数料	(　　　)	(　　　)	(　　　)
貸倒引当金繰入	(　　　)		
減価償却費	(　　　)		
支払家賃	(　　　)		
保険料	(　　　)		
旅費交通費	(　　　)		
(　　　)	(　　　)		
法人税，住民税及び事業税	(　　　)		
当期純(　　　)	(　　　)		
	(　　　)		(　　　)

応用問題　3

／35

次の［決算整理事項等］にもとづいて，精算表を完成しなさい。なお，当期は×1年４月１日から×2年３月31日までの１年間である。

［決算整理事項等］

1．前期に発生した売掛金￥30,000が回収不能となったが，未処理であった。

2．次期より出店する支店の店舗を賃借するために敷金￥100,000を現金で支払ったが，未処理であった。

3．仮払金の内訳は次のとおりである。

⑴　法人税の中間納付額　　　￥108,000

⑵　倉庫の新築代金の支払高　￥432,000

なお，倉庫は×1年９月１日に引き渡しを受けて使用している。

4．期末商品棚卸高は￥523,000である。売上原価は「仕入」の行で計算する。

5．有形固定資産の減価償却は，月次処理を行っており旧建物と備品についての４月から２月の11か月分の減価償却費はすでに計上されている。なお，９月に取得した倉庫の減価償却は行っていないので，月割で減価償却費を計上する。

建物：定額法（耐用年数30年，残存価額ゼロ）

備品：定額法（耐用年数６年，残存価額ゼロ）

6．売掛金の期末残高に対して１％の貸倒引当金を差額補充法により設定する。

7．収入印紙￥3,700が未使用となっていた。

8．借入金は×1年７月１日に借入期間１年，利率年２％で借り入れたもので，借入時に１年分の利息を差し引いた額を受け取っている。利息の計算は月割による。

9．当期の法人税，住民税及び事業税が￥316,200と計算された。

精　算　表

勘定科目	残高試算表		修正記入		損益計算書		貸借対照表	
	借方	貸方	借方	貸方	借方	貸方	借方	貸方
現金	857,800							
当座預金	1,200,000							
売掛金	580,000							
繰越商品	370,000							
仮払金	540,000							
建物	900,000							
備品	360,000							
土地	1,200,000							
買掛金		500,000						
借入金		600,000						
貸倒引当金		2,000						
建物減価償却累計額		492,500						
備品減価償却累計額		161,000						
資本金		3,000,000						
繰越利益剰余金		308,600						
売上		4,500,000						
受取地代		120,000						
仕入	2,960,000							
給料	560,000							
租税公課	25,800							
保険料	36,000							
減価償却費	82,500							
支払利息	12,000							
	9,684,100	9,684,100						
(　　　)								
(　　　)								
仮払法人税等								
貸倒引当金繰入								
(　　　)								
(　　　)利息								
法人税等								
未払法人税等								
当期純(　　　)								

応用問題　4

／35

次の(1)決算整理前残高試算表および(2)決算整理事項等にもとづいて，下記の**問**に答えなさい。なお，当期は×1年４月１日から×2年３月31日までの１年間である。

(1)

決算整理前残高試算表

借　　方	勘 定 科 目	貸　　方
547,000	現　　　　金	
689,000	普　通　預　金	
760,000	売　掛　金	
273,000	繰　越　商　品	
36,500	仮　払　金	
600,000	貸　付　金	
1,040,000	建　　　　物	
610,000	備　　　　品	
1,000,000	土　　　　地	
	買　掛　金	820,000
	仮　受　金	60,000
	貸 倒 引 当 金	9,000
	建物減価償却累計額	504,000
	備品減価償却累計額	280,000
	資　本　金	2,500,000
	繰越利益剰余金	586,900
	売　　　　上	5,410,000
3,370,000	仕　　　　入	
960,000	給　　　　料	
98,000	旅 費 交 通 費	
36,000	保　険　料	
120,600	修　繕　費	
29,800	消　耗　品　費	
10,169,900		10,169,900

(2)　決算整理事項等

1．鉄道運賃￥16,000と事務用品￥3,500を事業用ＩＣカードで支払ったが，未処理であった。また，決算にあたり事業用ＩＣカードの未使用額￥17,000は貯蔵品勘定に振り替える。

2．前期に貸倒れとして処理した売掛金￥120,000のうち，￥60,000を現金で回収したときに，仮受金勘定で処理していた。

3．×2年３月１日に備品￥120,000を購入し，代金は２か月後に支払う取引を次のように仕訳していたので，修正する。

（借）備　品　210,000　　（貸）買掛金　210,000

4．×1年12月５日に建物の修繕を行い，現金￥80,000を支払ったさい，全額を資本的支出として処理していたので，これを修正する。

5．期末商品棚卸高は￥198,000である。

6．売掛金の期末残高に対して１％の貸倒引当金を差額補充法で設定する。

7．有形固定資産について，定額法により減価償却を行う。

建物：耐用年数20年　残存価額ゼロ

備品：耐用年数５年　残存価額ゼロ

なお，３月に購入した備品は定額法（耐用年数４年，残存価額ゼロ）により，月割で減価償却費を計上する。

8．貸付金は，×1年８月１日に貸付期間１年間，利率年1.2％の条件で貸し付けたもので，利息は返済時に一括して受け取ることになっている。なお，利息の計算は月割による。

9．保険料は，毎年同額を７月１日に向こう１年分を支払っている。

10．税引前当期純利益の30％を当期の法人税等に計上する。なお，当期に中間納付をしていない。

問１　決算整理後残高試算表を完成しなさい。

問２　当期純損益の金額を答えなさい。なお，当期純損失の場合は金額の頭に△を付すこと。

問1

決算整理後残高試算表

×2年3月31日

借　　方	勘定科目	貸　　方
	現　　　　金	
	普　通　預　金	
	売　掛　金	
	繰　越　商　品	
	（　　　　　）	
	（　　）利　息	
	（　　）保険料	
	貸　付　金	
	建　　　　物	
	備　　　　品	
	土　　　　地	
	買　掛　金	
	（　　　　　）	
	未払法人税等	
	貸倒引当金	
	建物減価償却累計額	
	備品減価償却累計額	
	資　本　金	
	繰越利益剰余金	
	売　　　　上	
	受　取　利　息	
	（　　　）戻　入	
	（　　　　　）	
	仕　　　　入	
	給　　　　料	
	旅　費　交　通　費	
	減　価　償　却　費	
	保　険　料	
	修　繕　費	
	消　耗　品　費	
	法　人　税　等	

問2　¥（　　　　　　　　）

応用問題　5

／35

次の(1)決算整理前残高試算表および(2)決算整理事項等にもとづいて，損益勘定と繰越利益剰余金勘定および貸借対照表を完成しなさい。なお，当期は×1年４月１日から×2年３月31日までの１年間である。

(1)

決算整理前残高試算表

借　方	勘　定　科　目	貸　方
185,000	現　　　　　金	
3,000	現　金　過　不　足	
1,149,000	普　通　預　金	
350,000	電　子　記　録　債　権	
270,000	売　　掛　　金	
208,000	繰　越　商　品	
70,000	仮　払　法　人　税　等	
(各自計算)	前　払　保　険　料	
(各自計算)	備　　　　　品	
	買　　掛　　金	(各自計算)
	借　　入　　金	450,000
	仮　　受　　金	2,800
	貸　倒　引　当　金	5,500
	備品減価償却累計額	352,500
	資　　本　　金	1,000,000
	利　益　準　備　金	120,000
	繰越利益剰余金	100,550
	売　　　　　上	2,180,600
982,000	仕　　　　　入	
216,000	給　　　　　料	
11,850	水　道　光　熱　費	
360,000	支　払　家　賃	
39,600	保　　険　　料	
(各自計算)	減　価　償　却　費	
(各自計算)		(各自計算)

(2)　決算整理事項等

1．現金過不足は現金の盗難により生じたものである。当社では盗難保険をかけており，仮受金はこの盗難に対する保険金として受け取ったものである。そこで，現金過不足と仮受金を相殺し，差額を雑益または雑損として処理する。

2．電子記録債権¥100,000が決済され，当社の普通預金口座に振り込まれたが，未処理であった。

3．電気料金¥5,600が普通預金口座から引き落とされていたが，未処理であった。

4．期末商品棚卸高は¥162,000である。

5．電子記録債権と売掛金の期末残高に対してそれぞれ２％の貸倒引当金を差額補充法で設定する。

6．備品については，×1年４月から×2年２月までの毎月末に１か月分の減価償却費を計上しているので，決算月も同様に処理する。なお，備品は当期末で４年間使用しており，減価償却費の計算は定額法（耐用年数５年，残存価額ゼロ）によっている。

7．借入金¥450,000は，×1年５月１日に借入期間１年，利率年２％の条件で借り入れたもので，利息は返済時に一括して支払うことになっている。なお，利息の計算は月割による。

8．保険料は，毎年10月１日に向こう１年分を支払っているが，今年度の保険料¥39,600は前年の10％増しである。また，期首に再振替仕訳を行っていなかった。

9．税引前当期純利益の30％を当期の法人税等に計上する。

損　益

×2/3/31	仕入	( )	×2/3/31	売上	( )
〃	給料	( )			
〃	貸倒引当金繰入	( )			
〃	減価償却費	( )			
〃	支払家賃	( )			
〃	保険料	( )			
〃	水道光熱費	( )			
〃	支払利息	( )			
〃	( )	( )			
〃	法人税等	( )			
〃	( )	( )			
		( )			( )

繰越利益剰余金

×1/6/25	未払配当金	230,000	×1/4/1	前期繰越	( )
〃	利益準備金	23,000	×2/3/31	( )	( )
×2/3/31	( )	( )			
		( )			( )

貸借対照表

×2年3月31日

(単位：円)

現金		( )	買掛金	( )
普通預金		( )	借入金	( )
電子記録債権	( )		( )	( )
貸倒引当金	(△)	( )	( )費用	( )
売掛金	( )		資本金	( )
貸倒引当金	(△)	( )	利益準備金	( )
商品		( )	繰越利益剰余金	( )
( )費用		( )		
備品	( )			
減価償却累計額	(△)	( )		
		( )		( )

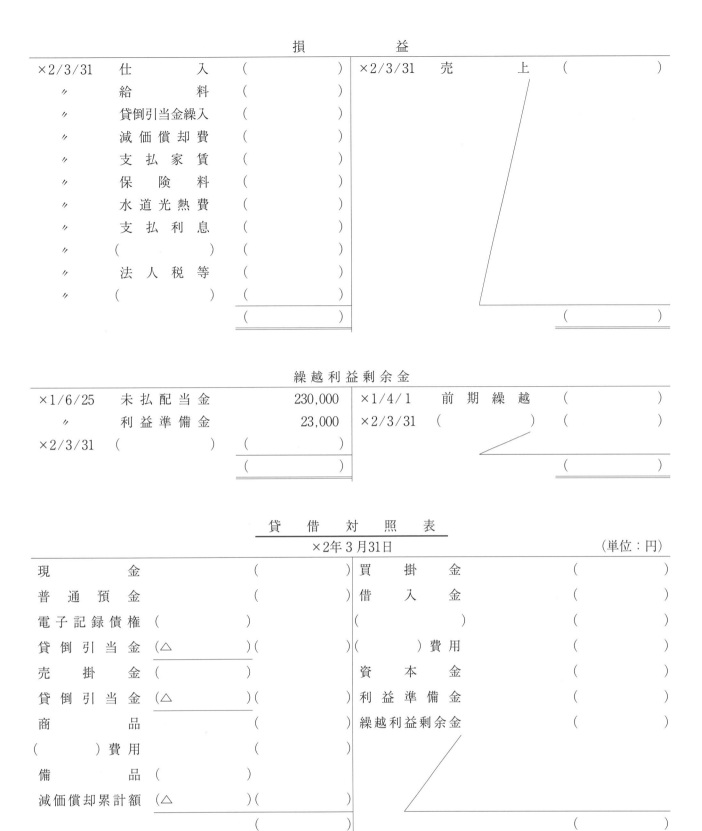

応用問題　6

／35

次の［決算整理事項等］にもとづいて，精算表を完成しなさい。なお，当期は×１年４月１日から×２年３月31日までの１年間である。

［決算整理事項等］

1．現金過不足の原因を調査したところ，仲介手数料の受取額￥22,000（うち消費税￥2,000）と振込手数料の支払額￥1,100（うち消費税￥100）の記入漏れであることが判明したが，残額については原因不明のため適切に処理する。

2．×2年３月31日に，事務作業に使用する物品を購入し，品物とともに次の請求書を受け取ったが未処理であった。なお，代金は来月末に支払うことにした。また，デスクトップパソコンは来月より使用する。

請　求　書

㈱西東商事　様

北南事務機器㈱

品　　名	数量	単　　価	金　　額
デスクトップパソコン	2	120,000	240,000
上記ＰＣセッティング作業			10,000
パソコン用印刷用紙	10	2,000	20,000
		消　費　税	27,000
		合　　計	297,000

3．仕入先である埼玉商店の掛代金￥130,000について，電子記録債務の発生記録の請求を行ったが，未処理であった。

4．得意先から売掛金の回収として現金￥50,000を受け取っていたが，商品の内金として処理していたことが判明した。

5．電子記録債権と売掛金の期末残高に対して１％の貸倒引当金を差額補充法により設定する。

6．期末商品棚卸高は￥223,000である。売上原価は「仕入」の行で計算する。

7．有形固定資産について，次の要領で減価償却を行う。

　建物：定額法（耐用年数20年，残存価額ゼロ）

　備品：定額法（耐用年数５年，残存価額ゼロ）

　なお，残高試算表欄の建物のうち￥270,000は，×1年６月３日に完成し，使用を開始した倉庫であり，定額法（耐用年数15年，残存価額ゼロ）により，月割で減価償却費を計上する。

8．消費税の処理（税抜方式）を行う。

9．貸付金は×1年５月１日に貸付期間１年，利率年1.4％で貸し付けたもので，貸付時に１年分の利息を差し引いた額を手渡している。

10．未払法人税等￥162,600を計上する。なお，当期に中間納付をしていない。

精　算　表

勘定科目	残高試算表		修正記入		損益計算書		貸借対照表	
	借方	貸方	借方	貸方	借方	貸方	借方	貸方
現金	323,400							
現金過不足		17,500						
普通預金	578,000							
電子記録債権	430,000							
売掛金	510,000							
繰越商品	200,000							
貸付金	600,000							
仮払消費税	447,200							
建物	990,000							
備品	360,000							
土地	1,000,000							
買掛金		405,000						
電子記録債務		384,000						
前受金		50,000						
仮受消費税		667,400						
貸倒引当金		3,000						
建物減価償却累計額		414,000						
備品減価償却累計額		108,000						
資本金		2,500,000						
繰越利益剰余金		372,200						
売上		6,509,000						
受取利息		8,400						
受取手数料		165,000						
仕入	3,609,000							
給料	1,560,000							
消耗品費	62,000							
支払手数料	70,900							
その他の費用	863,000							
	11,603,500	11,603,500						
(　　　　　　)								
(　　　　　　)								
貸倒引当金繰入								
減価償却費								
未払消費税								
(　　　　)利息								
法人税等								
未払法人税等								
当期純(　　　　)								

応用問題　7

／35

次の(1)決算整理前残高試算表および(2)決算整理事項等にもとづいて，貸借対照表と損益計算書を完成しなさい。なお，当期は×4年4月1日から×5年3月31日までの1年間である。

(1)

決算整理前残高試算表

借　方	勘定科目	貸　方
476,000	現　金	
1,279,000	普通預金	
775,000	売掛金	
403,000	繰越商品	
102,000	仮払法人税等	
518,400	備　品	
	買掛金	657,000
	仮受金	105,000
	借入金	480,000
	貸倒引当金	2,000
	備品減価償却累計額	216,000
	資本金	1,000,000
	繰越利益剰余金	377,000
	売　上	5,021,000
	受取手数料	153,600
2,436,000	仕　入	
1,104,000	給　料	
46,200	支払手数料	
720,000	支払家賃	
84,800	保険料	
67,200	旅費交通費	
8,011,600		8,011,600

(2)　決算整理事項等

1．現金の実際有高と帳簿残高が一致していなかったので原因を調査したが，原因不明であった。よって，不一致額の¥1,800をすべて雑益として処理する。

2．仮受金は，得意先から振り込まれた売掛金の回収額¥75,000と注文を受けた商品に対する内金¥30,000であることが判明した。

3．買掛金の支払いにさいし，先方負担の振込手数料¥4,000と，振込金額¥196,000が普通預金口座から引き落とされていたが，未処理であった。

4．売掛金の期末残高に対して1％の貸倒引当金を差額補充法により設定する。

5．期末商品棚卸高は¥398,000である。

6．備品について，定額法により減価償却を行う。なお，備品は×1年10月1日より使用しており，使用開始年度の減価償却費は月割で適正に計上している。

7．借入金は×4年6月1日に借入期間1年，年利率2％で借り入れたもので，利息は元金とともに返済時に支払うことになっている。なお，利息の計算は月割による。

8．保険料は，毎年12月1日に向こう1年分を支払っているが，今年度の保険料から料金が前年の10%増しとなっている。

9．税引前当期純利益の30％相当額を当期の法人税等に計上する。

Hint!

貸　借　対　照　表

×5年３月31日　　　　(単位：円)

現　　金		(　　)	買　掛　金	(　　)
普通預金		(　　)	借　入　金	(　　)
売　掛　金	(　　)		(　　)	(　　)
貸倒引当金	(△　　)	(　　)	(　　)費用	(　　)
商　　品		(　　)	未払法人税等	(　　)
(　　)費用		(　　)	資　本　金	(　　)
備　　品	(　　)		繰越利益剰余金	(　　)
減価償却累計額	(△　　)	(　　)		
		(　　)		(　　)

損　益　計　算　書

×4年４月１日から×5年３月31日まで　　　　(単位：円)

売上原価	(　　)	売　上　高	(　　)
給　　料	(　　)	受取手数料	(　　)
支払手数料	(　　)	(　　)	(　　)
貸倒引当金繰入	(　　)		
減価償却費	(　　)		
支払家賃	(　　)		
保　険　料	(　　)		
旅費交通費	(　　)		
(　　)	(　　)		
法人税等	(　　)		
当期純(　　)	(　　)		
	(　　)		(　　)

応用問題　8

/ 35

次の(1)決算整理前残高試算表および(2)決算整理事項等にもとづいて，貸借対照表と損益計算書を完成しなさい。なお，当期は×1年4月1日から×2年3月31日までの1年間である。

(1)

決算整理前残高試算表

借　方	勘定科目	貸　方
786,000	現金	
1,105,000	当座預金	
489,000	売掛金	
570,000	繰越商品	
80,000	仮払法人税等	
20,000	受取商品券	
2,700,000	建物	
516,000	備品	
2,000,000	土地	
	買掛金	390,000
	借入金	2,500,000
	貸倒引当金	6,000
	建物減価償却累計額	885,000
	備品減価償却累計額	344,000
	資本金	3,500,000
	繰越利益剰余金	253,100
	売上	8,403,500
6,120,000	仕入	
1,020,000	給料	
120,600	旅費交通費	
180,000	保険料	
560,000	修繕費	
15,000	支払利息	
16,281,600		16,281,600

(2)　決算整理事項等

1．前期に発生した売掛金のうち¥4,000が全額貸倒れとなっているが，未処理であった。

2．A社が発行した商品券¥20,000の決済を請求していたところ，本日，当社の当座預金口座に振り込まれていたが，未処理であった。

3．買掛金の明細を調査した結果，借方残高となっている仕入先の合計金額¥100,000を前払金に振り替える。

4．売掛金の期末残高に対して2％の貸倒引当金を差額補充法により設定する。

5．期末商品棚卸高は¥521,000である。

6．有形固定資産の減価償却を次のとおり定額法により行う。

　建物：耐用年数30年　残存価額ゼロ

　備品：耐用年数5年　残存価額ゼロ

　なお，×2年2月1日に修繕の完了した建物について，資本的支出として処理すべきものが修繕費の中に¥420,000含まれていることが判明したので，これを固定資産に計上するとともに，減価償却（定額法，耐用年数20年，残存価額ゼロ）を月割で行う。

7．保険料のうち¥108,000は，12月1日に向こう1年分を支払ったものである。

8．借入金¥2,500,000は×1年5月1日に借入期間1年，利率年1.2％で借り入れたものであり，利払日は10月末と4月末（後払い）である。利息の計算は月割による。

9．税引前当期純利益の30％相当額を当期の法人税，住民税及び事業税に計上する。

貸　借　対　照　表

×2年３月31日　　　　(単位：円)

現　　　金		(　　　)	買　掛　金	(　　　)
当 座 預 金		(　　　)	借　入　金	(　　　)
売　掛　金	(　　　)		(　　　)費用	(　　　)
貸 倒 引 当 金	(△　　　)	(　　　)	未払法人税等	(　　　)
商　　　品		(　　　)	資　本　金	(　　　)
前　払　金		(　　　)	繰越利益剰余金	(　　　)
(　　　)費用		(　　　)		
建　　　物	(　　　)			
減価償却累計額	(△　　　)	(　　　)		
備　　　品	(　　　)			
減価償却累計額	(△　　　)	(　　　)		
土　　　地		(　　　)		
		(　　　)		(　　　)

損　益　計　算　書

×1年４月１日から×2年３月31日まで　　　　(単位：円)

売 上 原 価	(　　　)	売　上　高	(　　　)
給　　　料	(　　　)		
貸倒引当金繰入	(　　　)		
減 価 償 却 費	(　　　)		
旅 費 交 通 費	(　　　)		
保　険　料	(　　　)		
修　繕　費	(　　　)		
支 払 利 息	(　　　)		
法人税，住民税及び事業税	(　　　)		
当期純(　　　)	(　　　)		
	(　　　)		(　　　)

チャレンジ問題

精算表の勘定科目欄の（　　）内に適当な勘定を記入の上，残高試算表欄，修正記入欄，損益計算書欄および貸借対照表欄の必要なところに適当な金額を記入して精算表を完成しなさい。

精　　算　　表

勘定科目	残高試算表		修正記入		損益計算書		貸借対照表	
	借方	貸方	借方	貸方	借方	貸方	借方	貸方
現金	149,000						149,000	
現金過不足		3,000						
電子記録債権	154,000						154,000	
売掛金	176,000						176,000	
未収入金	50,000						50,000	
繰越商品	163,000							
建物	1,500,000						1,500,000	
備品	150,000						150,000	
土地	2,000,000						2,000,000	
電子記録債務		132,000						132,000
買掛金		154,000						154,000
借入金		100,000						100,000
貸倒引当金		2,000		11,200				
建物減価償却累計額								
備品減価償却累計額		90,000		22,400				112,400
資本金		3,250,000						3,250,000
繰越利益剰余金		148,000						
売上		2,160,000				2,160,000		
受取手数料				2,000		16,000		
受取利息		1,000						
仕入	1,350,000				1,401,000			
給料	214,000				220,400			
保険料				1,000	27,000			
支払利息	6,000							
その他の費用	208,000				208,000			
	6,148,000	6,148,000						
雑（　　）						1,000		
貸倒引当金繰入								
減価償却費			67,400		67,400			
前受手数料				4,000				4,000
未収利息							3,000	
（　　　）給料								
前払保険料								
未払利息				1,000				1,000
当期純（　　　）								
			372,000	372,000			4,295,000	4,295,000

短期集中トレーニング 日商簿記3級　決算編　解答

詳しい解説がこちらに用意してあります。
https://www.jikkyo.co.jp/d1/02/sho/21nb3kea
※Webページの使用に伴う通信料は自己負担となります。

ウォーミングアップ (p.1)

	借方科目	金額	貸方科目	金額
1	現金	350	雑益	350
2	当座預金	60,000	借入金 (当座借越)	60,000
3	仮受金	50,000	売掛金	50,000
4	貸倒引当金繰入	2,000	貸倒引当金	2,000
5	仕入 繰越商品	190,000 200,000	繰越商品 仕入	190,000 200,000
6	減価償却費	108,000	備品減価償却累計額	108,000
7	仮受消費税	180,000	仮払消費税 未払消費税	113,000 67,000
8	未収利息	4,000	受取利息	4,000
9	法定福利費	3,000	未払法定福利費	3,000
10	前払保険料	2,000	保険料	2,000
11	法人税等 (法人税,住民税及び事業税)	100,000	未払法人税等	100,000

基本問題 1 (p.2)

＜仕訳＞

	借方	金額	貸方	金額
1.	(借) 雑損	7,000	(貸) 現金	7,000
2.	(借) 電子記録債権	120,000	(貸) 売掛金	120,000
3.	(借) 貸倒引当金繰入	2,800	(貸) 貸倒引当金	2,800
4.	(借) 仕入	280,000	(貸) 繰越商品	280,000
	繰越商品	260,000	仕入	260,000
5.	(借) 減価償却費	118,750	(貸) 建物減価償却累計額	18,750
			備品減価償却累計額	100,000
6.	(借) 仮受消費税	443,500	(貸) 仮払消費税	329,500
			未払消費税	114,000
7.	(借) 貯蔵品	2,080	(貸) 通信費	2,080
8.	(借) 受取手数料	42,000	(貸) 前受手数料 (前受収益)	42,000
9.	(借) 法定福利費	7,500	(貸) 未払法定福利費 (未払費用)	7,500
10.	(借) 法人税等 (法人税,住民税及び事業税)	273,000	(貸) 仮払法人税等	130,000
			未払法人税等	143,000

＜解答＞

貸借対照表

×2年3月31日　(単位：円)

資産			負債・純資産	
現金		(136,860)	買掛金	(387,000)
当座預金		(544,140)	社会保険料預り金	(7,500)
電子記録債権	(306,000)		(未払)消費税	(114,000)
貸倒引当金	(△ 6,120)	(299,880)	(未払)費用	(7,500)
売掛金	(184,000)		前受収益	(42,000)
貸倒引当金	(△ 3,680)	(180,320)	未払法人税等	(143,000)
商品		(260,000)	資本金	(1,420,000)
(貯蔵品)		(2,080)	繰越利益剰余金	(1,171,030)
建物	(750,000)			
減価償却累計額	(△ 131,250)	(618,750)		
備品	(400,000)			
減価償却累計額	(△ 150,000)	(250,000)		
土地		(1,000,000)		
		(3,292,030)		(3,292,030)

損益計算書

×1年4月1日から×2年3月31日まで　(単位：円)

費用		収益	
売上原価	(3,315,000)	売上高	(4,435,000)
給料	(310,800)	受取手数料	(207,300)
広告宣伝費	(64,500)		
通信費	(23,420)		
水道光熱費	(18,500)		
法定福利費	(92,500)		
貸倒引当金繰入	(2,800)		
減価償却費	(118,750)		
雑(損)	(7,000)		
法人税,住民税及び事業税	(273,000)		
当期純(利益)	(416,030)		
	(4,642,300)		(4,642,300)

□ 1つにつき3点。
┆┆ 1つにつき2点。合計35点。

基本問題 2 (p.4)

＜仕訳＞

1.	(借) 普通預金B銀行	*200,000*	(貸) 普通預金A銀行	*200,000*
	(借) 支払手数料	*500*	(貸) 普通預金A銀行	*500*
2.	(借) 旅費交通費	*8,200*	(貸) 未払金	*8,200*
3.	(借) 普通預金A銀行	*120,000*	(貸) 売掛金	*120,000*
4.	(借) 貸倒引当金繰入	*12,000*	(貸) 貸倒引当金	*12,000*
5.	(借) 貯蔵品	*3,000*	(貸) 租税公課	*3,000*
6.	(借) 仕入	*196,000*	(貸) 繰越商品	*196,000*
	繰越商品	*163,000*	仕入	*163,000*
7.	(借) 減価償却費	*90,000*	(貸) 備品減価償却累計額	*90,000*
8.	(借) 給料	*9,000*	(貸) 未払給料	*9,000*
9.	(借) 前払利息	*6,000*	(貸) 支払利息	*6,000*

＜解答＞

精　算　表

勘定科目	残高試算表		修正記入		損益計算書		貸借対照表	
	借方	貸方	借方	貸方	借方	貸方	借方	貸方
現金	103,700						*103,700*	
普通預金A銀行	655,000		*120,000*	*200,000*			*574,500*	
				500				
普通預金B銀行	60,000		*200,000*				*260,000*	
売掛金	620,000			*120,000*			*500,000*	
繰越商品	196,000		*163,000*	*196,000*			*163,000*	
備品	450,000						*450,000*	
土地	822,000						*822,000*	
買掛金		140,000						*140,000*
未払金		44,000		*8,200*				*52,200*
借入金		180,000						*180,000*
貸倒引当金		8,000		*12,000*				*20,000*
備品減価償却累計額		60,000		*90,000*				*150,000*
資本金		1,600,000						*1,600,000*
繰越利益剰余金		173,000						*173,000*
売上		4,649,000				*4,649,000*		
仕入	2,899,000		*196,000*	*163,000*	*2,932,000*			
給料	423,000		*9,000*		*432,000*			
支払家賃	492,000				*492,000*			
旅費交通費	61,500		*8,200*		*69,700*			
支払手数料	26,000		*500*		*26,500*			
租税公課	36,800			*3,000*	*33,800*			
支払利息	9,000			*6,000*	*3,000*			
	6,854,000	6,854,000						
貸倒引当金繰入			*12,000*		*12,000*			
(貯蔵品)			*3,000*				*3,000*	
減価償却費			*90,000*		*90,000*			
(未払)給料				*9,000*				*9,000*
(前払)利息			*6,000*				*6,000*	
当期純(利益)					*558,000*			*558,000*
			807,700	*807,700*	*4,649,000*	*4,649,000*	*2,882,200*	*2,882,200*

□ 1つにつき3点。

⬚ 1つにつき2点。**合計35点。**

基本問題 3 (p.6)

＜仕訳＞

1.	(借) 通信費	3,000	(貸) 現金過不足	3,400
	雑損	400		
2.	(借) 普通預金	142,000	(貸) 売掛金	142,000
3.	(借) 貸倒引当金繰入	3,900	(貸) 貸倒引当金	3,900
4.	(借) 仕入	423,000	(貸) 繰越商品	423,000
	繰越商品	468,000	仕入	468,000
5.	(借) 減価償却費	184,000	(貸) 建物減価償却累計額	120,000
			備品減価償却累計額	64,000
6.	(借) 仮受消費税	789,000	(貸) 仮払消費税	523,800
			未払消費税	265,200
7.	(借) 支払利息	6,400	(貸) 未払利息	6,400
8.	(借) 貯蔵品	6,000	(貸) 通信費	6,000
9.	(借) 法人税等	156,000	(貸) 未払法人税等	156,000

＜解答＞

問１

決算整理後残高試算表

×2年３月31日

借方	勘定科目	貸方
138,100	現金	
1,044,000	普通預金	
1,080,000	当座預金	
750,000	売掛金	
468,000	繰越商品	
6,000	(貯蔵品)	
2,400,000	建物	
540,000	備品	
3,500,000	土地	
	買掛金	769,000
	(未払消費税)	265,200
	(未払)利息	6,400
	未払法人税等	156,000
	借入金	2,000,000
	貸倒引当金	7,500
	建物減価償却累計額	1,200,000
	備品減価償却累計額	184,000
	資本金	4,000,000
	繰越利益剰余金	974,000
	売上	7,890,000
5,193,000	仕入	
1,680,000	給料	
21,500	旅費交通費	
34,800	通信費	
3,900	貸倒引当金繰入	
184,000	減価償却費	
216,000	保険料	
36,400	支払利息	
400	(雑損)	
156,000	法人税等	
17,452,100		17,452,100

問２　￥（364,000）

1つにつき３点。

1つにつき２点。合計35点。

＜仕訳＞

1.	(借) 水道光熱費	3,500	(貸) 普通預金	3,500
2.	(借) 仮受金	88,200	(貸) 売掛金	90,000
	支払手数料	1,800		
3.	(借) 貸倒引当金繰入	8,800	(貸) 貸倒引当金	8,800
4.	(借) 売上原価	380,000	(貸) 繰越商品	380,000
	売上原価	5,998,000	仕入	5,998,000
	繰越商品	420,000	売上原価	420,000
5.	(借) 減価償却費	230,000	(貸) 建物減価償却累計額	120,000
			備品減価償却累計額	110,000
6.	(借) 法定福利費	7,200	(貸) 未払法定福利費	7,200
7.	(借) 受取利息	7,000	(貸) 前受利息	7,000
8.	(借) 法人税等	318,000	(貸) 未払法人税等	318,000

＜解答＞

精　算　表

勘定科目	残高試算表		修正記入		損益計算書		貸借対照表	
	借方	貸方	借方	貸方	借方	貸方	借方	貸方
現金	420,000						420,000	
普通預金	610,000			3,500			606,500	
売掛金	790,000			90,000			700,000	
繰越商品	380,000		420,000	380,000			420,000	
建物	3,600,000						3,600,000	
備品	540,000						540,000	
土地	2,500,000						2,500,000	
貸付金	500,000						500,000	
買掛金		730,000						730,000
借入金		1,000,000						1,000,000
仮受金		88,200	88,200					
社会保険料預り金		7,200						7,200
貸倒引当金		5,200		8,800				14,000
建物減価償却累計額		240,000		120,000				360,000
備品減価償却累計額		150,000		110,000				260,000
資本金		5,000,000						5,000,000
繰越利益剰余金		829,000						829,000
売上		9,851,000				9,851,000		
受取利息		19,000	7,000			12,000		
仕入	5,998,000			5,998,000				
給料	2,160,000				2,160,000			
水道光熱費	40,200		3,500		43,700			
法定福利費	87,000		7,200		94,200			
支払手数料	60,000		1,800		61,800			
その他の費用	234,400				234,400			
	17,919,600	17,919,600						
売上原価			380,000	420,000	5,958,000			
			5,998,000					
貸倒引当金繰入			8,800		8,800			
減価償却費			230,000		230,000			
(未払法定福利費)				7,200				7,200
(前受)利息				7,000				7,000
法人税等			318,000		318,000			
未払法人税等				318,000				318,000
当期純(利益)					754,100			754,100
			7,462,500	7,462,500	9,863,000	9,863,000	9,286,500	9,286,500

□ 1つにつき3点。
⬚ 1つにつき2点。合計35点。

基本問題 5 (p.10)

<仕訳>

	借方科目	金額		貸方科目	金額
1.（借）	売掛金	27,000	（貸）	当座預金	27,000
2.（借）	水道光熱費	2,400	（貸）	当座預金	2,400
3.（借）	当座預金	95,900	（貸）	借入金	95,900
4.（借）	貸倒引当金繰入	9,000	（貸）	貸倒引当金	9,000
5.（借）	仕入	240,000	（貸）	繰越商品	240,000
	繰越商品	200,000		仕入	200,000
6.（借）	減価償却費	150,000	（貸）	備品減価償却累計額	150,000
7.（借）	仮受消費税	580,000	（貸）	仮払消費税	380,000
				未払消費税	200,000
8.（借）	支払利息	3,000	（貸）	未払利息 （未払費用）	3,000
9.（借）	前払保険料 （前払費用）	4,000	（貸）	保険料	4,000
10.（借）	法人税等 （法人税，住民税及び事業税）	178,000	（貸）	仮払法人税等	120,000
				未払法人税等	58,000

<解答>

貸借対照表

×2年3月31日　（単位：円）

現金		（205,000）	買掛金	（585,000）
売掛金	（510,000）		借入金	（495,900）
貸倒引当金	（△10,200）	（499,800）	（未払）消費税	（200,000）
商品		（200,000）	（未払）費用	（3,000）
（前払費用）		（4,000）	未払法人税等	（58,000）
備品	（1,200,000）		資本金	（2,000,000）
減価償却累計額	（△525,000）	（675,000）	繰越利益剰余金	（941,900）
土地		（2,700,000）		
		（4,283,800）		（4,283,800）

損益計算書

×1年4月1日から×2年3月31日まで　（単位：円）

売上原価	（3,840,000）	売上高	（5,800,000）
給料	（960,000）		
貸倒引当金繰入	（9,000）		
減価償却費	（150,000）		
支払家賃	（240,000）		
水道光熱費	（28,800）		
通信費	（62,000）		
保険料	（56,000）		
支払利息	（9,000）		
法人税，住民税及び事業税	（178,000）		
当期純（利益）	（267,200）		
	（5,800,000）		（5,800,000）

□ 1つにつき3点。
⬚ 1つにつき2点。**合計35点。**

基本問題 6

(p.12)

<仕訳>

1.	(借) 現金過不足	500	(貸) 雑益	3,500
	通信費	3,000		
2.	(借) 消耗品費	8,400	(貸) 未払金	8,400
3.	(借) 仮受金	72,000	(貸) 売掛金	72,000
4.	(借) 車両運搬具減価償却累計額	375,000	(貸) 車両運搬具	500,000
	固定資産売却益	125,000		
5.	(借) 貸倒引当金繰入	3,600	(貸) 貸倒引当金	3,600
6.	(借) 仕入	189,000	(貸) 繰越商品	189,000
	繰越商品	210,000	仕入	210,000
7.	(借) 減価償却費	132,500	(貸) 建物減価償却累計額	50,000
			備品減価償却累計額	82,500
8.	(借) 前払保険料	32,000	(貸) 保険料	32,000
9.	(借) 受取手数料	15,000	(貸) 前受手数料	15,000

<解答>

精算表

勘定科目	残高試算表		修正記入		損益計算書		貸借対照表	
	借方	貸方	借方	貸方	借方	貸方	借方	貸方
現金	213,000						213,000	
現金過不足		500	500					
普通預金	987,000						987,000	
売掛金	682,000			72,000			610,000	
繰越商品	189,000		210,000	189,000			210,000	
建物	2,000,000						2,000,000	
車両運搬具	500,000			500,000				
備品	720,000						720,000	
土地	1,300,000						1,300,000	
買掛金		724,000						724,000
仮受金		72,000	72,000					
貸倒引当金		2,500		3,600				6,100
建物減価償却累計額		650,000		50,000				700,000
車両運搬具減価償却累計額		375,000	375,000					
資本金		4,000,000						4,000,000
繰越利益剰余金		322,000						322,000
売上		4,236,000				4,236,000		
受取手数料		36,000	15,000			21,000		
固定資産売却益		130,000	125,000			5,000		
仕入	2,938,000		189,000	210,000	2,917,000			
給料	748,000				748,000			
水道光熱費	152,000				152,000			
通信費	21,000		3,000		24,000			
保険料	68,000			32,000	36,000			
消耗品費	30,000		8,400		38,400			
	10,548,000	10,548,000						
雑(益)				3,500		3,500		
(未払金)				8,400				8,400
貸倒引当金繰入			3,600		3,600			
備品減価償却累計額				82,500				82,500
減価償却費			132,500		132,500			
前払保険料			32,000				32,000	
前受手数料				15,000				15,000
当期純(利益)					214,000			214,000
			1,166,000	1,166,000	4,265,500	4,265,500	6,072,000	6,072,000

□ 1つにつき3点。
⬚ 1つにつき2点。合計35点。

基本問題 7 (p.14)

<仕訳>

1.	(借) 消耗品費	2,000	(貸) 小口現金	3,900
	旅費交通費	1,900		
	(借) 小口現金	3,900	(貸) 普通預金	3,900
2.	(借) 売上	20,000	(貸) 売掛金	20,000
3.	(借) 仮受金	1,200,000	(貸) 土地	1,150,000
			固定資産売却益	50,000
4.	(借) 貸倒引当金繰入	8,600	(貸) 貸倒引当金	8,600
5.	(借) 仕入	320,000	(貸) 繰越商品	320,000
	繰越商品	305,000	仕入	305,000
6.	(借) 減価償却費	117,500	(貸) 建物減価償却累計額	37,500
			備品減価償却累計額	80,000
7.	(借) 未収入金	30,000	(貸) 保険料	30,000
8.	(借) 法定福利費	4,500	(貸) 未払法定福利費 (未払費用)	4,500
9.	(借) 法人税等	230,000	(貸) 未払法人税等	230,000

<解答>

貸借対照表

×2年3月31日

(単位：円)

現金		(240,000)	買掛金	(600,000)
普通預金		(356,100)	社会保険料預り金	(4,500)
電子記録債権	(400,000)		(未払費用)	(4,500)
貸倒引当金	(△ 8,000)	(392,000)	未払法人税等	(230,000)
売掛金	(230,000)		資本金	(2,000,000)
貸倒引当金	(△ 4,600)	(225,400)	繰越利益剰余金	(587,000)
商品		(305,000)		
(未収入金)		(30,000)		
建物	(900,000)			
減価償却累計額	(△ 412,500)	(487,500)		
備品	(480,000)			
減価償却累計額	(△ 240,000)	(240,000)		
土地		(1,150,000)		
		(3,426,000)		(3,426,000)

損益計算書

×1年4月1日から×2年3月31日まで

(単位：円)

(売上原価)	(4,115,000)	売上高	(6,020,000)
給料	(612,000)	(固定資産売却益)	(50,000)
旅費交通費	(76,900)		
(貸倒引当金)繰入	(8,600)		
減価償却費	(117,500)		
保険料	(180,000)		
支払家賃	(132,000)		
消耗品費	(9,000)		
法定福利費	(55,000)		
法人税等	(230,000)		
当期純(利益)	(534,000)		
	(6,070,000)		(6,070,000)

□ 1つにつき3点。
⬚ 1つにつき2点。合計35点。

＜仕訳＞

1.	(借) 旅費交通費	*4,000*	(貸) 未払金	*4,000*
2.	(借) 車両運搬具減価償却累計額	*216,000*	(貸) 車両運搬具	*360,000*
	減価償却費	*54,000*	固定資産売却益	*70,000*
	仮受金	*160,000*		
3.	(借) 仕入	*291,000*	(貸) 繰越商品	*291,000*
	繰越商品	*315,000*	仕入	*315,000*
4.	(借) 減価償却費	*30,000*	(貸) 建物減価償却累計額	*30,000*
5.	仕訳なし			
6.	(借) 貸倒引当金繰入	*2,300*	(貸) 貸倒引当金	*2,300*
7.	(借) 受取地代	*105,000*	(貸) 前受地代	*105,000*
8.	(借) 支払利息	*2,800*	(貸) 未払利息	*2,800*
9.	(借) 貯蔵品	*1,700*	(貸) 通信費	*1,700*

＜解答＞

精算表

勘定科目	残高試算表		修正記入		損益計算書		貸借対照表	
	借方	貸方	借方	貸方	借方	貸方	借方	貸方
現金	352,000						*352,000*	
普通預金	135,000						*135,000*	
受取手形	390,000						*390,000*	
売掛金	360,000						*360,000*	
繰越商品	291,000		*315,000*	*291,000*			*315,000*	
建物	1,200,000						*1,200,000*	
車両運搬具	360,000			*360,000*				
備品	480,000						*480,000*	
土地	3,500,000						*3,500,000*	
買掛金		630,000						*630,000*
仮受金		160,000	*160,000*					
借入金		400,000						*400,000*
貸倒引当金		5,200		*2,300*				*7,500*
建物減価償却累計額		240,000		*30,000*				*270,000*
車両運搬具減価償却累計額		216,000	*216,000*					
備品減価償却累計額		479,999						*479,999*
資本金		4,000,000						*4,000,000*
繰越利益剰余金		468,701						*468,701*
売上		4,997,000				*4,997,000*		
受取地代		525,000	*105,000*			*420,000*		
仕入	4,150,000		*291,000*	*315,000*	*4,126,000*			
給料	667,200				*667,200*			
支払手数料	71,000				*71,000*			
水道光熱費	80,000				*80,000*			
通信費	56,700			*1,700*	*55,000*			
旅費交通費	29,000		*4,000*		*33,000*			
	12,121,900	12,121,900						
未払金				*4,000*				*4,000*
固定資産売却(益)				*70,000*		*70,000*		
減価償却費			*54,000*		*84,000*			
			30,000					
貸倒引当金繰入			*2,300*		*2,300*			
(前受)地代				*105,000*				*105,000*
支払利息			*2,800*		*2,800*			
(未払)利息				*2,800*				*2,800*
(貯蔵品)			*1,700*				*1,700*	
当期純(利益)					*365,700*			*365,700*
			1,181,800	*1,181,800*	*5,487,000*	*5,487,000*	*6,733,700*	*6,733,700*

□ 1つにつき3点。
⬚ 1つにつき2点。 合計25点

応用問題 2

(p.18)

＜仕訳＞

1.	(借) 旅費交通費	3,000	(貸) 現金	1,500
	雑損	500	受取手数料	2,000
2.	(借) 仮受金	147,000	(貸) 売掛金	150,000
	支払手数料	3,000		
3.	(借) 備品	216,000	(貸) 仮払金	216,000
4.	(借) 買掛金	200,000	(貸) 当座預金B銀行	200,000
	(借) 当座預金B銀行	120,000	(貸) 借入金	120,000
5.	(借) 貸倒引当金繰入	11,400	(貸) 貸倒引当金	11,400
6.	(借) 仕入	273,000	(貸) 繰越商品	273,000
	繰越商品	285,000	仕入	285,000
7.	(借) 減価償却費	104,000	(貸) 備品減価償却累計額	104,000
8.	(借) 未収利息 (未収収益)	3,500	(貸) 受取利息	3,500
9.	(借) 前払保険料 (前払費用)	11,200	(貸) 保険料	11,200
10.	(借) 法人税等 (法人税, 住民税及び事業税)	203,100	(貸) 未払法人税等	203,100

＜解答＞

貸借対照表

×2年3月31日　　(単位：円)

現金		(379,700)	買掛金	(565,000)
当座預金		(898,000)	借入金	(120,000)
売掛金	(670,000)		(未払法人税等)	(203,100)
貸倒引当金	(△ 13,400)	(656,600)	資本金	(1,500,000)
商品		(285,000)	繰越利益剰余金	(657,900)
貸付金		(500,000)		
(未収)収益		(3,500)		
(前払)費用		(11,200)		
備品	(696,000)			
減価償却累計額	(△ 384,000)	(312,000)		
		(3,046,000)		(3,046,000)

損益計算書

×1年4月1日から×2年3月31日まで　　(単位：円)

売上原価	(3,248,000)	売上高	(5,806,000)
給料	(1,080,000)	受取手数料	(8,000)
支払手数料	(21,200)	(受取利息)	(3,500)
貸倒引当金繰入	(11,400)		
減価償却費	(104,000)		
支払家賃	(600,000)		
保険料	(19,200)		
旅費交通費	(56,200)		
(雑損)	(500)		
法人税, 住民税及び事業税	(203,100)		
当期純(利益)	(473,900)		
	(5,817,500)		(5,817,500)

□ 1つにつき3点。
⬚ 1つにつき2点。**合計35点。**

応用問題 3 (p.20)

<仕訳>

	借方科目	金額	貸方科目	金額
1.	(借) 貸倒引当金	*2,000*	(貸) 売掛金	*30,000*
	貸倒損失	*28,000*		
2.	(借) 差入保証金	*100,000*	(貸) 現金	*100,000*
3.	(借) 仮払法人税等	*108,000*	(貸) 仮払金	*540,000*
	建物	*432,000*		
4.	(借) 仕入	*370,000*	(貸) 繰越商品	*370,000*
	繰越商品	*523,000*	仕入	*523,000*
5.	(借) 減価償却費	*15,900*	(貸) 建物減価償却累計額	*10,900*
			備品減価償却累計額	*5,000*
6.	(借) 貸倒引当金繰入	*5,500*	(貸) 貸倒引当金	*5,500*
7.	(借) 貯蔵品	*3,700*	(貸) 租税公課	*3,700*
8.	(借) 前払利息	*3,000*	(貸) 支払利息	*3,000*
9.	(借) 法人税等	*316,200*	(貸) 仮払法人税等	*108,000*
			未払法人税等	*208,200*

<解答>

精　　算　　表

勘定科目	残高試算表		修正記入		損益計算書		貸借対照表	
	借方	貸方	借方	貸方	借方	貸方	借方	貸方
現金	857,800			*100,000*			*757,800*	
当座預金	1,200,000						*1,200,000*	
売掛金	580,000			*30,000*			*550,000*	
繰越商品	370,000		*523,000*	*370,000*			*523,000*	
仮払金	540,000			*540,000*				
建物	900,000		*432,000*				*1,332,000*	
備品	360,000						*360,000*	
土地	1,200,000						*1,200,000*	
買掛金		500,000						*500,000*
借入金		600,000						*600,000*
貸倒引当金		2,000	*2,000*	*5,500*				*5,500*
建物減価償却累計額		492,500		*10,900*				*503,400*
備品減価償却累計額		161,000		*5,000*				*166,000*
資本金		3,000,000						*3,000,000*
繰越利益剰余金		308,600						*308,600*
売上		4,500,000				*4,500,000*		
受取地代		120,000				*120,000*		
仕入	2,960,000		*370,000*	*523,000*	*2,807,000*			
給料	560,000				*560,000*			
租税公課	25,800			*3,700*	*22,100*			
保険料	36,000				*36,000*			
減価償却費	82,500		*15,900*		*98,400*			
支払利息	12,000			*3,000*	*9,000*			
	9,684,100	9,684,100						
(貸倒損失)			*28,000*		*28,000*			
(差入保証金)			*100,000*				*100,000*	
仮払法人税等			*108,000*	*108,000*				
貸倒引当金繰入			*5,500*		*5,500*			
(貯蔵品)			*3,700*				*3,700*	
(前払)利息			*3,000*				*3,000*	
法人税等			*316,200*		*316,200*			
未払法人税等				*208,200*				*208,200*
当期純(利益)					*737,800*			*737,800*
			1,907,300	*1,907,300*	*4,620,000*	*4,620,000*	*6,029,500*	*6,029,500*

□ 1つにつき3点。
⬚ 1つにつき2点。**合計35点。**

応用問題 4 (p.22)

<仕訳>

1.	(借) 旅費交通費	*16,000*	(貸) 仮払金	*19,500*
	消耗品費	*3,500*		
	(借) 貯蔵品	*17,000*	(貸) 仮払金	*17,000*
2.	(借) 仮受金	*60,000*	(貸) 償却債権取立益	*60,000*
3.	(借) 買掛金	*210,000*	(貸) 備品	*90,000*
			未払金	*120,000*
4.	(借) 修繕費	*80,000*	(貸) 建物	*80,000*
5.	(借) 仕入	*273,000*	(貸) 繰越商品	*273,000*
	繰越商品	*198,000*	仕入	*198,000*
6.	(借) 貸倒引当金	*1,400*	(貸) 貸倒引当金戻入	*1,400*
7.	(借) 減価償却費	*130,500*	(貸) 建物減価償却累計額	*48,000*
			備品減価償却累計額	*82,500*
8.	(借) 未収利息	*4,800*	(貸) 受取利息	*4,800*
9.	(借) 前払保険料	*7,200*	(貸) 保険料	*7,200*
10.	(借) 法人税等	*169,200*	(貸) 未払法人税等	*169,200*

<解答>

問1

決算整理後残高試算表

×2年3月31日

借方	勘定科目	貸方
547,000	現金	
689,000	普通預金	
760,000	売掛金	
198,000	繰越商品	
17,000	(貯蔵品)	
4,800	(未収)利息	
7,200	(前払)保険料	
600,000	貸付金	
960,000	建物	
520,000	備品	
1,000,000	土地	
	買掛金	*610,000*
	(未払金)	*120,000*
	未払法人税等	*169,200*
	貸倒引当金	*7,600*
	建物減価償却累計額	*552,000*
	備品減価償却累計額	*362,500*
	資本金	*2,500,000*
	繰越利益剰余金	*586,900*
	売上	*5,410,000*
	受取利息	*4,800*
	(貸倒引当金)戻入	*1,400*
	(償却債権取立益)	*60,000*
3,445,000	仕入	
960,000	給料	
114,000	旅費交通費	
130,500	減価償却費	
28,800	保険料	
200,600	修繕費	
33,300	消耗品費	
169,200	法人税等	
10,384,400		*10,384,400*

問2 ¥ (*394,800*)

□ 1つにつき3点。
⬚ 1つにつき2点。合計35点。

応用問題 5 (p.24)

＜仕訳＞

		借方科目	金額		貸方科目	金額
1.	(借)	仮受金	2,800	(貸)	現金過不足	3,000
		雑損	200			
2.	(借)	普通預金	100,000	(貸)	電子記録債権	100,000
3.	(借)	水道光熱費	5,600	(貸)	普通預金	5,600
4.	(借)	仕入	208,000	(貸)	繰越商品	208,000
		繰越商品	162,000		仕入	162,000
5.	(借)	貸倒引当金繰入	4,900	(貸)	貸倒引当金	4,900
6.	(借)	減価償却費	7,500	(貸)	備品減価償却累計額	7,500
7.	(借)	支払利息	8,250	(貸)	未払利息 (未払費用)	8,250
8.	(借)	保険料	18,000	(貸)	前払保険料	18,000
	(借)	前払保険料 (前払費用)	19,800	(貸)	保険料	19,800
9.	(借)	法人税等	125,400	(貸)	仮払法人税等	70,000
					未払法人税等	55,400

＜解答＞

損益

日付	摘要	金額	日付	摘要	金額
×2/3/31	仕入	(1,028,000)	×2/3/31	売上	(2,180,600)
〃	給料	(216,000)			
〃	貸倒引当金繰入	(4,900)			
〃	減価償却費	(90,000)			
〃	支払家賃	(360,000)			
〃	保険料	(37,800)			
〃	水道光熱費	(17,450)			
〃	支払利息	(8,250)			
〃	(雑損)	(200)			
〃	法人税等	(125,400)			
〃	(繰越利益剰余金)	(292,600)			
		(2,180,600)			(2,180,600)

繰越利益剰余金

日付	摘要	金額	日付	摘要	金額
×1/6/25	未払配当金	230,000	×1/4/1	前期繰越	(353,550)
〃	利益準備金	23,000	×2/3/31	(損益)	(292,600)
×2/3/31	(次期繰越)	(393,150)			
		(646,150)			(646,150)

貸借対照表

×2年3月31日

(単位：円)

資産		金額	負債・純資産	金額
現金		(185,000)	買掛金	(183,000)
普通預金		(1,243,400)	借入金	(450,000)
電子記録債権	(250,000)		(未払法人税等)	(55,400)
貸倒引当金	(△ 5,000)	(245,000)	(未払)費用	(8,250)
売掛金	(270,000)		資本金	(1,000,000)
貸倒引当金	(△ 5,400)	(264,600)	利益準備金	(120,000)
商品		(162,000)	繰越利益剰余金	(393,150)
(前払)費用		(19,800)		
備品	(450,000)			
減価償却累計額	(△ 360,000)	(90,000)		
		(2,209,800)		(2,209,800)

□ 1つにつき3点。
⬚ 1つにつき2点。合計35点。

<仕訳>

No.	借方科目	金額	貸方科目	金額
1.	(借) 現金過不足	17,500	(貸) 受取手数料	20,000
	支払手数料	1,000	仮受消費税	2,000
	仮払消費税	100		
	雑損	3,400		
2.	(借) 備品	250,000	(貸) 未払金	297,000
	消耗品費	20,000		
	仮払消費税	27,000		
3.	(借) 買掛金	130,000	(貸) 電子記録債務	130,000
4.	(借) 前受金	50,000	(貸) 売掛金	50,000
5.	(借) 貸倒引当金繰入	5,900	(貸) 貸倒引当金	5,900
6.	(借) 仕入	200,000	(貸) 繰越商品	200,000
	繰越商品	223,000	仕入	223,000
7.	(借) 減価償却費	123,000	(貸) 建物減価償却累計額	51,000
			備品減価償却累計額	72,000
8.	(借) 仮受消費税	669,400	(貸) 仮払消費税	474,300
			未払消費税	195,100
9.	(借) 受取利息	700	(貸) 前受利息	700
10.	(借) 法人税等	162,600	(貸) 未払法人税等	162,600

<解答>

精算表

勘定科目	残高試算表 借方	残高試算表 貸方	修正記入 借方	修正記入 貸方	損益計算書 借方	損益計算書 貸方	貸借対照表 借方	貸借対照表 貸方
現金	323,400						323,400	
現金過不足		17,500	17,500					
普通預金	578,000						578,000	
電子記録債権	430,000						430,000	
売掛金	510,000			50,000			460,000	
繰越商品	200,000		223,000	200,000			223,000	
貸付金	600,000						600,000	
仮払消費税	447,200		100	474,300				
			27,000					
建物	990,000						990,000	
備品	360,000		250,000				610,000	
土地	1,000,000						1,000,000	
買掛金		405,000	130,000					275,000
電子記録債務		384,000		130,000				514,000
前受金		50,000	50,000					
仮受消費税		667,400	669,400	2,000				
貸倒引当金		3,000		5,900				8,900
建物減価償却累計額		414,000		51,000				465,000
備品減価償却累計額		108,000		72,000				180,000
資本金		2,500,000						2,500,000
繰越利益剰余金		372,200						372,200
売上		6,509,000				6,509,000		
受取利息		8,400	700			7,700		
受取手数料		165,000		20,000		185,000		
仕入	3,609,000		200,000	223,000	3,586,000			
給料	1,560,000				1,560,000			
消耗品費	62,000		20,000		82,000			
支払手数料	70,900		1,000		71,900			
その他の費用	863,000				863,000			
	11,603,500	11,603,500						
(雑損)			3,400		3,400			
(未払金)				297,000				297,000
貸倒引当金繰入			5,900		5,900			
減価償却費			123,000		123,000			
未払消費税				195,100				195,100
(前受)利息				700				700
法人税等			162,600		162,600			
未払法人税等				162,600				162,600
当期純(利益)					243,900			243,900
			1,883,600	1,883,600	6,701,700	6,701,700	5,214,400	5,214,400

□(実線枠) 1つにつき3点。
□(点線枠) 1つにつき2点。合計35点。

応用問題 7 (p.28)

<仕訳>

1.	(借) 現金	1,800	(貸) 雑益	1,800
2.	(借) 仮受金	105,000	(貸) 売掛金	75,000
			前受金	30,000
3.	(借) 買掛金	200,000	(貸) 普通預金	200,000
4.	(借) 貸倒引当金繰入	5,000	(貸) 貸倒引当金	5,000
5.	(借) 仕入	403,000	(貸) 繰越商品	403,000
	繰越商品	398,000	仕入	398,000
6.	(借) 減価償却費	86,400	(貸) 備品減価償却累計額	86,400
7.	(借) 支払利息	8,000	(貸) 未払利息 (未払費用)	8,000
8.	(借) 前払保険料 (前払費用)	35,200	(貸) 保険料	35,200
9.	(借) 法人税等	194,700	(貸) 仮払法人税等	102,000
			未払法人税等	92,700

<解答>

貸借対照表

×5年3月31日 (単位：円)

現金		(477,800)	買掛金	(457,000)
普通預金		(1,079,000)	借入金	(480,000)
売掛金	(700,000)		(前受金)	(30,000)
貸倒引当金	(△ 7,000)	(693,000)	(未払)費用	(8,000)
商品		(398,000)	未払法人税等	(92,700)
(前払)費用		(35,200)	資本金	(1,000,000)
備品	(518,400)		繰越利益剰余金	(831,300)
減価償却累計額	(△ 302,400)	(216,000)		
		(2,899,000)		(2,899,000)

損益計算書

×4年4月1日から×5年3月31日まで (単位：円)

売上原価	(2,441,000)	売上高	(5,021,000)
給料	(1,104,000)	受取手数料	(153,600)
支払手数料	(46,200)	(雑益)	(1,800)
貸倒引当金繰入	(5,000)		
減価償却費	(86,400)		
支払家賃	(720,000)		
保険料	(49,600)		
旅費交通費	(67,200)		
(支払利息)	(8,000)		
法人税等	(194,700)		
当期純(利益)	(454,300)		
	(5,176,400)		(5,176,400)

[実線枠] 1つにつき3点。
[点線枠] 1つにつき2点。**合計35点。**

応用問題 8 (p.30)

＜仕訳＞

	借方科目	金額		貸方科目	金額
1.（借）	貸倒引当金	4,000	（貸）	売掛金	4,000
2.（借）	当座預金	20,000	（貸）	受取商品券	20,000
3.（借）	前払金	100,000	（貸）	買掛金	100,000
4.（借）	貸倒引当金繰入	7,700	（貸）	貸倒引当金	7,700
5.（借）	仕入	570,000	（貸）	繰越商品	570,000
	繰越商品	521,000		仕入	521,000
6.（借）	建物	420,000	（貸）	修繕費	420,000
（借）	減価償却費	196,700	（貸）	建物減価償却累計額	93,500
				備品減価償却累計額	103,200
7.（借）	前払保険料（前払費用）	72,000	（貸）	保険料	72,000
8.（借）	支払利息	12,500	（貸）	未払利息（未払費用）	12,500
9.（借）	法人税等（法人税，住民税及び事業税）	184,200	（貸）	仮払法人税等	80,000
				未払法人税等	104,200

＜解答＞

貸借対照表

×2年3月31日　(単位：円)

現金		(786,000)	買掛金	(490,000)
当座預金		(1,125,000)	借入金	(2,500,000)
売掛金	(485,000)		(未払)費用	(12,500)
貸倒引当金	(△ 9,700)	(475,300)	未払法人税等	(104,200)
商品		(521,000)	資本金	(3,500,000)
前払金		(100,000)	繰越利益剰余金	(682,900)
(前払)費用		(72,000)		
建物	(3,120,000)			
減価償却累計額	(△ 978,500)	(2,141,500)		
備品	(516,000)			
減価償却累計額	(△ 447,200)	(68,800)		
土地		(2,000,000)		
		(7,289,600)		(7,289,600)

損益計算書

×1年4月1日から×2年3月31日まで　(単位：円)

売上原価	(6,169,000)	売上高	(8,403,500)
給料	(1,020,000)		
貸倒引当金繰入	(7,700)		
減価償却費	(196,700)		
旅費交通費	(120,600)		
保険料	(108,000)		
修繕費	(140,000)		
支払利息	(27,500)		
法人税，住民税及び事業税	(184,200)		
当期純(利益)	(429,800)		
	(8,403,500)		(8,403,500)

［実線枠］1つにつき3点。
［点線枠］1つにつき2点。**合計35点。**

チャレンジ問題 (p.32)

精　算　表

勘定科目	残高試算表		修正記入		損益計算書		貸借対照表	
	借方	貸方	借方	貸方	借方	貸方	借方	貸方
現金	149,000						149,000	
現金過不足		3,000	3,000					
電子記録債権	154,000						154,000	
売掛金	176,000						176,000	
未収入金	50,000						50,000	
繰越商品	163,000		112,000	163,000			112,000	
建物	1,500,000						1,500,000	
備品	150,000						150,000	
土地	2,000,000						2,000,000	
電子記録債務		132,000						132,000
買掛金		154,000						154,000
借入金		100,000						100,000
貸倒引当金		2,000		11,200				13,200
建物減価償却累計額		90,000		45,000				135,000
備品減価償却累計額		90,000		22,400				112,400
資本金		3,250,000						3,250,000
繰越利益剰余金		148,000						148,000
売上		2,160,000				2,160,000		
受取手数料		18,000	4,000	2,000		16,000		
受取利息		1,000		3,000		4,000		
仕入	1,350,000		163,000	112,000	1,401,000			
給料	214,000		6,400		220,400			
保険料	28,000			1,000	27,000			
支払利息	6,000		1,000		7,000			
その他の費用	208,000				208,000			
	6,148,000	6,148,000						
雑(益)				1,000		1,000		
貸倒引当金繰入			11,200		11,200			
減価償却費			67,400		67,400			
前受手数料				4,000				4,000
未収利息			3,000				3,000	
(未払)給料				6,400				6,400
前払保険料			1,000				1,000	
未払利息				1,000				1,000
当期純(利益)					239,000			239,000
			372,000	372,000	2,181,000	2,181,000	4,295,000	4,295,000